Theo von Taane

Witze rund ums Fußball spielen

**Humor & Spaß : Neue Fußballwitze,
lustige Bilder und Texte   zum
Lachen   mit   Torschuss Effekt!**

Bibliografische Information der Deutschen Nationalbibliothek:
Die Deutsche Nationalbibliothek verzeichnet diese Publikation in der Deutschen Nationalbibliografie; detaillierte bibliografische Daten sind im Internet über http://dnb.dnb.de abrufbar.

Texte und Illustrationen: **Theo von Taane**

Herstellung und Verlag: BoD – Books on Demand, Norderstedt

ISBN: 9783734731716

Witze rund ums Fußball spielen

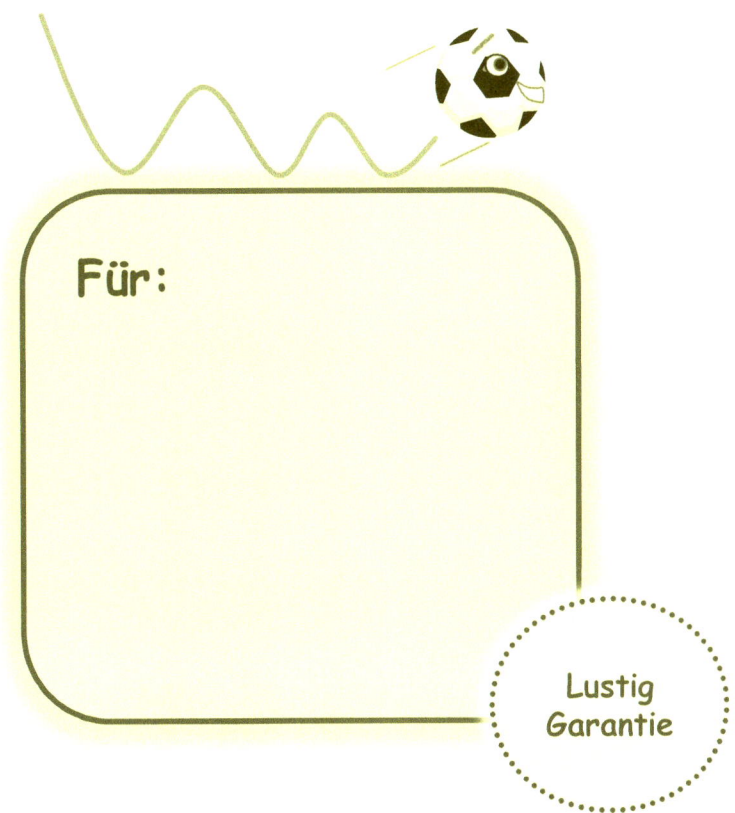

Für:

Lustig
Garantie

Inhaltsverzeichnis   Seite

1. Auf dem Platz

Elfmeter schießen in der Seniorenmannschaft

Zwei alte Herren unterhalten sich nach ihrem Fußballspiel. Sagt der eine:

„Hast du meinen Elfer gesehen, das war ein Schuss wie in jungen Jahren." Darauf der andere: „Na ja, aber den Herzkaspar hatte der Torwart schon bekommen noch bevor du ausgeholt hattest."

Helikopter Flugstunde

„Also Herr Schmidt, wie oft muss ich Ihnen noch sagen, dass nur die mit einem Kreis umschlossenen **H**s Landeplätze für Helikopter darstellen. Fußballplätze mit dem typischen Anstoßkreis und Mittellinie gehören definitiv nicht dazu. Bitte starten sie den Helikopter wieder, ich mag es auch nicht, wenn wütende Fußballspieler Bälle an unser Cockpit schießen."

Auf dem Sandbolzplatz

Während des Fußballspiels sagt der Mannschaftskapitän zum Stürmer: „Hallo Peter du hast ja ganz schön deinen weißen Sportdress eingesaut. Lass mich raten: Unter Berücksichtigung der Tatsache dass wir hoffnungslos zurückliegen und bei dem Grad deines Engagements heute kann es sich entweder nur um Sand vom Ausruhen auf dem Boden handeln oder schlicht und einfach um Flugrost."

Taschenlampe

Wenn du mich noch einmal einfängst, hole ich meinen großen Bruder, der bereits um die Ecke wartet.

Das Team infernale

Während der Halbzeit der Trainer seinen Spielern: „Also ihr müsst euch nun langsam mal entscheiden, welchen Karriereweg ihr einschlagen wollt. Entweder das weltbeste Slapstick-Kabarett Ensemble werden oder die Gewinner dieses Spiels. Beides gleichzeitig geht nicht."

No Name

Auf den Hund gekommen!

„Hallo Herr Meyer, dass sie ihren Hund mit zum Fußballspiel nehmen ist grundsätzlich in Ordnung, aber dass er bei jedem Schiedsrichterpfiff die Torpfosten neu markiert geht nun wirklich zu weit."

Blind Date

Zwei Zuschauer eines Fußballspiels unterhalten sich, sagt der eine: „Ich glaube der linke Verteidiger verwechselt das Spiel mit einem blind date." Fragt der andere: „Wieso?" Darauf wieder der andere; „Na weil der wie mit Tomaten auf den Augen spielt."

Zukunftspläne

Heimweh

„Lieber Herr Platzwart, auch wenn unser Verein sparen muss und wir unseren Fußballplatz nicht mehr so oft sprengen dürfen, sollten wir hierbei nicht übertreiben. Ich halte es schon für ein bedenkliches Zeichen, dass das gerade aus dem Zirkus ausgebrochene Kamel zielstrebig auf unseren staubigen Bolzplatz zugelaufen ist."

Spielverlust

„Hallo Herr Meyer, sagen sie mal weshalb kniet denn unser Trainer auf dem Rasen und schaut permanent auf den Boden?" Meyer:
„Er sucht das Körnchen Glück, dass ihm fehlte um das letzte Fußballspiel zu gewinnen."

Schnelligkeit

„Mensch ihr Sohn hat ja eine tierische Geschwindigkeit beim Stürmen drauf, vergleichbar mit….wie heißt noch einmal das Tier mit dem Panzer auf dem Rücken?"

Fußballaufbewahrung in einer Ballröhre

Fußballväter

Zwei Fußballväter beobachten das Spiel ihrer Söhne in der U10, sagt der eine:

„Also wenn man ihren Sohn auf dem sandigen Bolzplatz spielen sieht, merkt man schon dass er in seinem Element ist."

„Wie meinen sie das?"

„Na, das mit dem Sand und dem Schlafen kennt er ja schon recht gut vom Sandmännchen her."

Elfmeter

„Wow, das war wirklich ein bombastischer Schuss. So etwas habe ich noch nie gesehen. Dieses Abheben wie in Zeitlupe und dann diese abrupte harte Landung mit nahezu ganzer Körperfläche auf dem Boden.

Ich sag es ja immer, besser man macht einen Doppelknoten in seine Schnürsenkel."

Mobilfunk

„Hallo Herr Meyer wissen sie warum uns der Trainer zuruft, wir sollen unsere handys und smartphones ausschalten?" Meyer:

„Na offenbar möchte den aktuellen Höhenflug der Mannschaft nicht gefährden und durch das Mobilfunkverbot den typischen Absturz in den letzten 5 min des Spiels vermeiden."

Der Fußball Nerd

Saisonvorbereitung

Clubmitglied zum Platzwart:
„Das hatten wir ja noch nie. So viele Clubmitglieder auf dem Spielfeld, die freiwillig helfen den Platz zur Saison vorzubereiten. Toll diese Moral."
Platzwart:
„Ja unglaublich wie die Nachricht um eine gefundene historische Goldmünze auf dem Platz die Moral verändern kann, selbst wenn es sich um meine eigene handelt, die ich verloren hatte, aber das will ja keiner hören."

Verfolgung

Psychologie

Trainer zu seinem Team nach dem Verbandsspiel auf dem Gelände des anderen Vereins:

„Um euren Gegner schlagen zu können solltet ihr ihn auch psychologisch gut einschätzen können. Wenn ihr z.B. merkt, dass er wütend ist und jeden Ball mit großer Wucht schießen möchte, dann lasst ihn immer fast an den Ball rankommen, dass macht ihn dann so wütend, dass wenn er dann tatsächlich in Ballbesitz kommt, er dann so gesteigert wütend ist, dass er dann den Ball mit dem nächsten Schuss garantiert ins Aus befördert. Hier zum Beispiel, nehmen wir diesen Spieler dort drüben in der Seniorenmannschaft, wie würdet ihr seine psychologische Verfassung einschätzen?" Darauf eines der Teammitglieder:

„Stark übernächtigt, Trinkerseele, humpelt leicht durch Knieverletzung, hat also Null Kondition und Beweglichkeit. Bei diesem Spieler reicht es, sich den Ball mit einem Teamkollegen hin- und her zu spielen und ihn einfach laufen zu lassen." Trainer:

„Das ist ja toll analysiert, woraus entnehmen sie denn die ganzen Details?" Teammitglied: „Na ich werde ja wohl meinen eigenen Onkel kennen."

Indianer

„Sag mal Peter, wer ist denn dieser komisch gekleidete Kauz da drüben der aussieht wie ein Indianer?" Peter:
„Ach den, den hat unser Vorstand speziell für die Ligaspiele eingekauft."
„Kann der denn so gut Fußball spielen?"
„Das nicht, aber sofern wir bei entscheidenden Spielen zu verlieren drohen, beginnt er mit seinem Regentanz."

Erste Fußballerfahrungen

Der kleine Paul war das erste Mal auf einem Fußballplatz und hat seinen Vater beim Fußballspielen zugeschaut. Anschließend prahlte er:
„Mein Vater ist der beste Torwart auf der Welt. Er hat die meisten Bälle mit seinem Netz fangen können."

Hühner

Sitzen zwei Hühner auf einer Gerüststange und schauen bei einem Fußballspiel zu, sagt das eine: „Mann, diese Kondition, das geht jetzt schon fast anderthalb Stunden so." Sagt das andere Huhn: „Ja, das hätte ich Pauline auch nicht zugetraut, die hat nach dem ganzen Draufgekloppe schon gar keine Federn mehr."

Ansprache

Nach dem Fußballspiel spricht der Clubvorstand vor versammelter Mannschaft: „Wir haben zwar heute nicht gewonnen, aber nach dieser Vorstellung bin ich schon froh, dass keiner bei dem Versuch an den Ball zu kommen gestolpert und tödlich aufgeschlagen ist.

Geduld

Zwei Clubmitglieder schauen sich ein Fußballspiel an, sagt der eine:

„Warum sitzt denn Rüdiger immer noch auf der Bank statt weiterzuspielen?"
Darauf der andere:

„Na weil ihm der Trainer gesagt hat er soll auf den richtigen Augenblick zum Angriff warten."

Andacht

„Sag mal warum steht denn die ganze Mannschaft schweigend vor dem linken Tor mit gefalteten Händen und gesenktem Kopf?"

„Na weil wir uns dort im letzten Ranglistenspiel das entscheidende Tor gegen den Klassenerhalt eingefangen haben und diesem nun die letzte Ehre erweisen."

„Und warum stehen dann alle Mannschaftsspieler da und nicht nur die Verteidiger und der Torwart?"

„Die anderen stellen den Vollzug sicher."

Dirty Talking

Versprechen

„Sag mal, wieso trägt die Mannschaft beim Spielen jetzt ihre Sachen falsch herum, also das, was normalerweise innen ist, nach außen?"

„Na beim letzten Ligaspiel hatte sie so schlecht gespielt, dass die ganze Mannschaft versprach ihre Spielweise umzukrempeln."

„Ja schon, aber dass alle ihre Unterhose umgedreht nach außen tragen finde ich jetzt schon ein wenig geschmacklos."

Platzwart

„Sag mal, wo haben wir denn bloß diesen neuen Platzwart her?"

„Das ist wohl ein Top Platzwart aus Basilien, eingestellt über eine persönliche Empfehlung unseres Partnervereins aus Rio."

„Das mag ja sein, aber vielleicht sollte man ihm mal sagen, dass er aufhören soll unser Spielfeld so extrem zu wässern."

„Aber das ist doch gut bei der Trockenheit."

„Ja, aber nicht wenn die Holzpfosten unserer Tore schon anfangen Wurzeln zu schlagen."

Verabredung

Anton und Peter trainieren außerhalb des regulären Trainings Elfmeter schießen, da klingelt das Handy von Anton. Anton nimmt ab und nach einer Weile sagt er zu Peter:

„Meine Frau hat gerade angerufen und mir gesagt, dass sie heute Abend erst sehr spät nach Hause kommen wird." Peter:
„Ja und?" Anton:
„Na sie weiß nichts von unserem Herrenabend heute und hat gesagt, dass sie mit dir den ganzen abend eine wichtige Präsentation für morgen vorbereiten muss."

Bolzplatz

„Dass der Golfverein nebenan anfragt, ob er unseren Bolzplatz anmieten kann, könnte sicherlich unsere finanzielle Situation verbessern. Dass er ihn allerdings als Bunker anmieten möchte, spricht definitiv gegen die Qualität unseres Platzes."

Grundstück

Hast du schon gehört dass man jetzt Teile unserer Fußballplatzes ideell kaufen kann? Man kann einen Namen vergeben, bekommt sogar eine Urkunde. Nette Sache als Geschenk. Und der Verein kann mit den Einnahmen das Clubhaus renovieren."

„Theoretisch hast du recht. Aber es gibt hier ein paar Mitglieder die das ganze etwas zu ernst nehmen."

„Wieso?"

„Na schau doch mal rechts auf den Platz, hier haben sich die Müllers den Strafraum gekauft und gleich komplett umzäunt."

Spieltaktik

Zwei Clubmitglieder schauen sich das Fußballspiel von Nachwuchsspielern der U18 an, sagt der eine zum anderen:

"Also ich finde, dass die Taktik von Peters Angriffsspiel dem eines Schachspiels ähnelt."

„Aber dann muss er wohl der König sein, da er nie mehr als einen Schritt in Richtung Ball läuft."

Torjagd

Kommt doch, wo seid ihr? Ich will mit euch nur ein bisschen fangen spielen.

Für wie blöd hält der uns eigentlich?

Treibsand

„Warum stellt der Trainer auf dem Spielfeld ein Schild mit der Aufschrift ‚Achtung Treibsand, betreten verboten' auf und weshalb stehen die Mannschaftsspieler daneben und schauen gebannt zu?"

„Die Spieler sind unsere Nummer 1 Mannschaft bei den Junioren und der Trainer kann sich das schlechte Abschneiden der Mannschaft nur noch dadurch erklären, dass der Untergrund des Platzes aus Treibsand besteht."

„Das verstehe ich nicht."

„Na der Trainer hat so intensiv mit den Spielern taktisch gute Spielzüge und an der Technik gearbeitet, dass als einzige Erklärung nur noch Treibsand in Frage kommt, der im Fußballspiel alle guten Schüsse und eintrainierten Taktiken unserer Mannschaft rückstandslos verschluckt haben muss."

Fußbälle

Unterhalten sich zwei Fußbälle, sagt der eine:

„Also ich mach das nicht mehr lange mit, andauernd werde ich getreten, meine Lederhaut ist schon ganz aufgeplatzt, meine Aufschrift verfranzt und nach einem Spiel im Regen bin ich immer voller Matsch."

Darauf der andere:

„Ja was hast du denn erwartet von deinem Job als Ball im Fußball?"

Darauf der andere:

„Das ich getreten werde, halte ich schon aus, aber beworben hatte ich mich als Kopfball und nicht Matschball. Weißt du was, langsam glaube ich, dass ich das Opfer einer Verwechselung bin..."

Smalltalk

Zwei Fußbälle liegen in einem Behälter gedrängt nebeneinander, sagt der eine:

„Ja wie siehst du denn aus? Du hast viel weniger Leder auf deinem Ball und ich habe gehört dass du auch nicht mehr so kontrolliert vom Boden abspringen kannst. Was ist denn los? Darauf der andere:

„Na ja gestern im Match wurde mir bei einem Freistoß durch die extreme Drehung so übel, dass ich doch tatsächlich mit meinem Po neben der Linie im Aus aufgekommen bin. Dann erfolgte eine beschämende Diskussion ob ich nicht doch noch vorher den anderen Spieler zart berührt hatte und als wenn das nicht genug wäre, wurde mir auch noch vorgeworfen, ich hätte nicht mehr genügend Druck im Innern. Da ich nicht nachgab, nahm mich die Verlierermannschaft des Matches nach dem Spiel einfach mit und ich wurde mehrere Stunden lang zur Bestrafung gegen die Fußballtrainingswand geschossen bis mir endgültig die Puste ausging.

Ich kann gesundheitlich nicht riskieren, nochmals so behandelt zu werden. Ich werde alles hinter mir lassen und woanders neu anfangen."

„Und was willst du machen?"

„Deshalb habe mich ja in den Kofferraum des Trainerautos eingecheckt und warte auf die Abfahrt."

„Na, daraus wird wohl nichts."

„Wieso?"

„Weil dies hier nicht der Autokofferraum des Trainers ist, sondern der Behälter vom Club-Shredder."

Tierisch

Eine Ziege und ein Esel spielen Fußball. Nach einem harten Schuss des Esels landet der Ball auf einem der beiden Hörner der Ziege und wird aufgespießt. Sagt der Esel: „Macht nichts, das hätte mir auch passieren können."

Pfeifenschicksal

Hüpfende Bälle

„Die schönsten hüpfenden Bälle gab es heute im Frauenfußball bei Sabine zu sehen."

Netzspiel

„Den aktivsten Part in eurem Fußballspiel heute hatte das Netz von eurem Tor."

Absprung

Pfostenschuss

„Ich glaube unsere Torpfosten hatten heute ein zu großes Astloch."

Irre

Treffen sich zwei Irre zum Fußball spielen, sagt der eine:

„Ach verdammt wir können nicht spielen."

Sagt der andere: „Warum nicht, was ist denn los?"

Darauf wieder der andere: „Wir haben die Würfel vergessen."

GPS

„Hallo Klaus, weißt du warum mehrere Spieler andächtig mit abgenommenen Mützen vor dem Tor stehen?"

Klaus: „Da nach den GPS-Koordinaten des neuen billig Smartphones von Frank, sich genau dort die heilige Anlage des Petersdom in Rom befinden müsste."

Freizeitfußball

Wussten sie schon, dass Freizeitfußball unter Fußballprofis keine Verbreitung findet?

Ersatzbälle

Peter ist ein guter Fußballspieler, aber neigt zu Wutausbrüchen auf dem Platz. Der Vater hat ihm gerade zwei neue Fußbälle gekauft. Er kommt auf Peter zu, übergibt ihm einen der beiden Bälle, nimmt ein Messer und sticht kräftig auf den anderen Ball ein bis dieser völlig kaputt ist. Peter ist ziemlich verdutzt und fragt seinen Vater warum er das gemacht hat. Darauf antwortet der Vater, dass er gleich den einen Ball zerstört hat, damit er wie beim letzten Fußballspiel den Ball nicht wieder vor Wut auf den angrenzenden See schießen muss und sich nun wieder vollkommen auf das Fußballspielen konzentrieren kann.

Traditionelles Treffen

Die drei Familienväter Paul, Frank und Peter spielen jeden Sonntag früh zusammen Fußball. Diesen Sonntag ist Ostersonntag und alle sind überrascht, dass es trotz Familienzwang jeden gelungen ist, zum Treffen zu kommen.

Paul: „Ich habe meiner Frau einen teuren Wellness-Gutschein geschenkt."

Frank: „Meine Frau hat von mir einen silbernen Anhänger bekommen, den sie schon immer haben wollte."

Peter: „Ich habe gestern Abend ausgiebig Knoblauch gegessen und bereits heute früh um sechs stand wie von Zauberhand meine Trainingstasche direkt neben der Tür fertig gepackt zum Abmarsch bereit."

Hammerhart!

Wussten sie schon dass unter ‚hammerharten' Spielen keine Filme mit sexuell anrüchigen Spielszenen zu verstehen sind, auch wenn manche Fußballspiele der nackte Wahnsinn sind?

Freistoß

Wussten sie schon, dass der Freistoß beim Fußball nicht nur für Professionelle gilt, sondern auch bereits für Beginner mit offenherziger Freundin?

Fürsorge

Das Fußballspiel hat gerade begonnen. Plötzlich spricht einer der Spieler zu einem neben ihm stehenden Spieler der anderen Mannschaft: „Schauen Sie mal den Krankenwagen, der kommt sicher wegen der hochschwangeren Frau dort drüben. Na, hoffentlich ist noch nicht die Fruchtblase geplatzt." Darauf macht der andere mit seinen Armen ausladende Winkbewegungen, um dem Krankenwagen aus der Entfernung zu signalisieren, wo er am besten halten kann.

Dann geht das Spiel weiter. Nach dem Spiel meint noch der eine Fußballspieler: „Das war wirklich nett von Ihnen dem Krankenwagen zu helfen, schneller einen Halteplatz zu finden." Darauf der Spieler der anderen Mannschaft: „Ja selbstverständlich, immerhin handelt es sich bei der Schwangeren um meine Frau."

Auf den Hund gekommen

Zwei Fußballspieler aus verschiedenen Mannschaften trainieren an diesem Wochenende zusammen. Der eine hat einen kleinen Hund dabei und jedes mal wenn sein Herrchen gut schießt macht dieser ein kleines Wuff und wenn er ins Tor trifft sogar einen kleinen Salto. Meint der Freund: „Und was macht er wenn Du mal nicht triffst?". Darauf der andere: „Dann fängt er an zu fliegen." Freund: „Das ist ja phänomenal. Wie weit denn?". Darauf wieder der andere: „Je nachdem wie gut ich ihn mit meinen Innenspann auf seinen Allerwertesten treffe."

Arzt

Beim Frauenfußball. In der Halbzeit bemerkt eine der Damen dass der begehrte Dr. Frank zugeschaut hat und fragt ihn: „Hallo Herr Doktor wie finden sie mein Fußballspiel?" Darauf der Doktor: „Aber meine Teuerste, sie wissen doch als Arzt unterliege ich der Schweigepflicht."

Angeber

Einfach irre

Zwei Irre spielen Fußball, wundert sich der eine, dass der Fußball nicht passt, sagt der: „Das ist wirklich das Komische an Fußball." Fragt der andere: „was denn?"

„Na, die verkaufen Bälle, die nicht in die Löcher passen und dann stehen auch noch Fähnchen mitten drin."

Einwurf will gelernt sein

Nach endlosen Trainingseinheiten ist es Sabine endlich gelungen, einen ordentlichen Ballwurf zu erzeugen.

Herzlichen Glückwunsch, es ist ein Fußball.

Kindergeld

Wussten sie schon, dass Fußballprofis trotz kindischen Verhaltens kein Kindergeld für ihre Knallschoten beantragen dürfen?

Toilettengang

Ein Fußballspieler möchte nach dem Hallenspiel in einem Sportcenter auf die Toilette gehen. Da diese zu klein ist, um seine riesige Sporttasche mitzunehmen, muss er sie vor der Tür stehen lassen. Damit sie keiner mitnimmt schreibt er auf einen Zettel: „Wer es wagt, die Tasche wegzunehmen bekommt von mir einen harten Schuss ab wie vom besten Stürmer von Bayern München.". Er legt den Zettel auf die Tasche und geht dann auf die Toilette. Als er wieder raus kommt ist die Tasche weg und findet statt dessen einen Zettel auf dem Boden liegend auf dem steht: „Bei so einem harten Schuss erwarte auch kein Rückspiel."

Mannschaftsessen

Wussten sie schon, dass das traditionelle Mannschaftsessen nach einem Ligamatch kulturell unterschiedlich verstanden werden kann, so verstehen beispielsweise Kannibalen etwas völlig anderes hierunter als in unseren Breitengraden.

Gerüchte

„Weißt du schon das Neueste?"

„Nein, was denn?"

„Peter Maier unserem Vorstand geht es momentan nicht gut, ein dutzend Gläubiger sind hinter ihm her, ihm steht das Wasser bis zum Hals."

„Ja das habe ich auch gehört und morgen will er untertauchen."

Moderne Sportanlage

„Also Herr Schulz die Clubanlage ist wirklich toll, eine richtige Augenweide. Und diese moderne Inneneinrichtung des Clubhauses ist schon sehr schick. Am beeindruckendsten finde ich allerdings dieses imposante 3-D Fußballbild, man könnte fast den Eindruck bekommen die Spieler bewegen sich." Darauf Herr Schulz:

„Ihr Eindruck stimmt, allerdings ist dies kein 3-D Bild sondern das Panoramafenster, das hinaus auf einen der Nebenplätze zeigt, auf welchem gerade unsere Seniorenmannschaft spielt, und die sind immerhin im Schnitt schon über 80 Jahre alt."

Garderobenhaken

Kurz vor den Verbandsspielen wurde noch das Clubhaus renoviert und unter anderem wurde über fünf Garderobenhaken ein Schild angebracht mit der Aufschrift „Nur für die 1. Herrenmannschaft". Später in der Saison, nachdem die 1.Herrenmannschaft auch noch das letzte Verbandsspiel verloren hatte, klebte plötzlich am nächsten Tag ein Sticker darunter: „Auch für Kleidung und Taschen verwendbar".

Bewerbung

Eine junge gutaussehende Frau betritt das Sekretariat des Fußballclubs zwecks Bewerbungsgesprächs als neue Sekretärin. Zufällig hält sich der Trainer der Damenmannschaft im Büro auf und sortiert gerade hinter dem Schreibtisch die neu angekommenen Probeschuhe der Größe nach, als die junge Frau den Raum betritt. Die junge Frau:

„Guten Tag, ich bin Frau Müller die Neue, erinnern sie sich an unser Telefonat?" Trainer:

„Das ist ja super, wir brauchen dringend eine Verstärkung in unserem Team, aber sagen sie mal kommen sie zufällig auch mit einer versteiften Größe 8 zurecht?"

Die junge Frau errötend:

„Das kann ich nicht sagen, mit so starken Stücken hatte ich es bislang noch nicht zu tun."

Zukunftspläne

Tragende Rolle

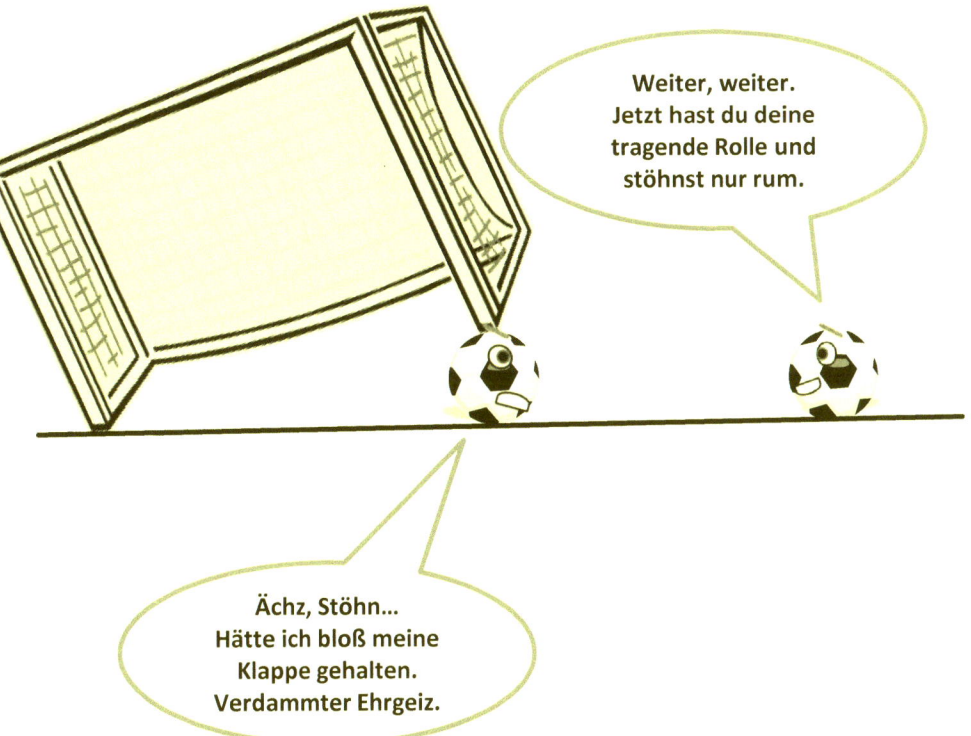

Weiter, weiter. Jetzt hast du deine tragende Rolle und stöhnst nur rum.

Ächz, Stöhn... Hätte ich bloß meine Klappe gehalten. Verdammter Ehrgeiz.

Luxusliner

„Also Paul ich muss schon sagen, es ist richtig cool auf dem Luxusliner Fußball zu spielen. Diese leichte frische Brise, der tolle Ausblick und erst der strahlend blaue Himmel, aber eine Sache ist schon lästig, alle paar Minuten die fliegenden Fische aus dem Tornetz zu puhlen die sich hier im Vorbeiflug immer wieder verfangen."

Hooligans

Was ist der Unterschied zwischen Tennis und Fußball-Hooligans? Bei Hooligans besteht das Aufschlagfeld aus der Fangruppe des anderen Vereins.

2. Fitness und Techniktipps

Abschlag

Schaffen sie mehr Sicherheit für ihrem Abschlag durch Schießen eines Abschlags mit beiden Füßen. Es werden ihnen außerdem die erstaunten Blicke der Zuschauer ganz gewiss sein.

Ballannahme mit der Brust

Behalten sie beim Annehmen des Balles mit der Brust die Raumübersicht, indem sie stets mit einem Fuß im eignen Strafraum bleiben. Lassen sie sich nicht beirren durch die vielen gestoppten Bälle, die ihre Gegner zwei Meter vor Ihnen spielen werden, gemessen in einer Lifetime Scorecard werden sie langfristig die Nase vorne haben* (*statistisch nicht berücksichtigt Gegner die mindestens genauso alt oder älter werden als sie).

Kopfball

Holen sie mehr Power aus ihrem Kopfball durch drehen einer Luftpirouette. Kanalisieren sie die Ausschwungbewegung nach Treffen des Balles im sogenannten Pirouettenheadsmash. Achtung! Achten sie auf ein gutes Aufwärmtraining, um Verrenkungen im Vorfeld auszuschließen.

Ballschuss mit Unterdrall aufs Tor

Kontrollieren sie die saubere Ausführung ihres Schusses mit Unterdrall durch Loslassen ihres von Schnürsenkeln befreiten Schuhes beim Ausschwung vom Fuß. Segelt ihr Schuh direkt an die Torlatte war der Unterdrall gut. Halten sie während eines Matches genügend Ersatzschuhe bereit.

Kondition

Mehr Ausdauer durch mentale Suggestion. Stellen sie sich einfach vor sie laufen die ganze Zeit während des Matches Berg ab und ihre Gegner dagegen Berg auf. Suggerieren sie sich in der zweiten Stufe dann mentale Siebenmeilenstiefel. Sie werden sehen, mit ihrer neu gewonnenen mental geerdeten Kondition werden sie Berge versetzen.

Konzentration

Es ist wissenschaftlich erwiesen dass ein Sekundenschlaf eine enorm erfrischende Wirkung in kurzer Zeit erzielen kann. Daher rät der Profi bei lang anhaltenden Ballkämpfen direkt nach einem Schuss mal die Augen für ein paar Sekunden zu schließen. Der Erholungseffekt nach Wiederöffnen wird enorm sein. Sie werden weniger Druck verspüren und gehen erfrischt in die nächsten Zweikampf. Und je mehr sie diese Technik in einem Fußballspiel anwenden desto entspannter können sie spielen, bis hin zu einem souveränen Spielverlust mit Wohlfühlgarantie (zumindest für Sie).

Fuß

Bei Spielern mit zwei linken Füßen wird von einer rechten Verteidigerposition dringend abgeraten.

Spieltaktik

Verwandeln sie als Gast das Fußballspiel in ihren Heimvorteil. Bestehen sie darauf bei Regen weiterzuspielen, denn durch die vielen Tränen und Schweiß die bei den unendlichen Trainingseinheiten aufgrund des hohen Grades an Untalentiertheit geflossen sind, weiß ihr Team am besten wie man sich auf rutschigem Untergrund bewegt.

Handtuch

Seniorenteam

Unterhalten sich zwei Fußballspieler, sagt der eine:

„Schau dir mal die Spieler der Seniorenmannschaft des gegnerischen Vereins an, sehen ziemlich grottig aus." Sagt er andere:

„Ach so, und ich dachte schon der Friedhof um die Ecke hätte heute Wandertag."

3. Gesundheit, Pflege & Mode

Besuch beim Psychiater

Kommt ein Fußball zum Psychiater und sagt: "Also ich versuche wirklich, meinem Leben einen Sinn zu geben und bleibende Abdrücke zu hinterlassen, aber nach jedem Auftrumpfen werde ich sofort wieder weitergeschossen."

Fremdgehen

Unterhalten sich zwei Fußballspieler, sagt der eine:

„Hast du schon das Neueste gehört?"

„Nein, was denn?"

„Eine Frau wurde von ihrem Mann beim Fremdgehen erwischt. Aus Wut hat er diese solange mit einem Fußball beworfen, bis sie in die Notaufnahme eingeliefert werden musste."

„Auweia, und welche Ballmarke hat er verwendet?"

Beim Arzt

Ein Mann beim Arzt. Nachdem dieser alle Untersuchungen abgeschlossen hat, schaut er mit ernster Miene zum Patienten und sagt: „Ich rate Ihnen dringend sofort mit dem Fußballspielen aufzuhören.". Patient: „Ach Herrje, Herr Doktor steht es so schlimm um mich?". Arzt: "Das nicht, aber ihre Spielergebnisse lassen keine andere Diagnose zu."

Modern Look

Unterhalten sich zwei Frauen im Restaurant des edlen Fußballclubs, sagt die eine:

„Ja du hast recht dieser schäbige vintage–look ist wieder in, aber die anderen tragen mit Label und du nicht."

Jobrotation

Zeit

Frank und Peter unterhalten sich nach ihrem Fußballmatch.

Frank: „Und Peter, wie lange spielst du schon Fußball?"

Peter: „Seit ungefähr fünf Jahren."

Frank: „Das ist eine lange Zeit, kein Wunder dass du so müde aussiehst."

Umschulung

Outfit

„Hallo Tina, schön dass es heute mit unserer Verabredung zum Kaffeerinken auf der Terrasse des Clubhauses geklappt hat."

„Wie findest du eigentlich mein neues Outfit, das mir mein Mann letzte Woche gekauft hat?"

„Ja richtig, dass ist wirklich schade, dass ihr euch noch immer nicht versöhnt habt."

Neues Outfit

Unterhalten sich zwei junge Fußspielerinnen, sagt die eine: „Also immer, wenn ich ein neues Sportoutfit trage gehe ich mir gleich das nächste anschaffen." Darauf die andere: „Also bei mir ist das genau umgekehrt."

Fußverletzung

Fußballspieler kommt mit stark bandagiertem Fuß humpelnd in das Clubhaus. Darauf ein Clubmitglied:

„Übertrainiert?". Darauf der Fußballspieler:

„Nein, beim Ausruhen vom Sofa gefallen."

Nichts

Creme and run

„Wow Frank, deine Beinarbeit ist einfach fantastisch. Und du hast auch ordentlich abgenommen, mindestens 10 kilo. Wie schafft man das in nur zwei Wochen?" Frank:

„Das habe ich dem neuen Fitness- und Trainingsprogramm ‚Creme and run' zu verdanken." Darauf der andere:

„Creme and run? Was ist das denn?" Frank:

„Na ja, bevor man auf den Fußballplatz geht reibt man sich die Waden mit Speck ein und wenn dann das Training beginnt nimmt der Trainer seinen ausgehungerten Terrier von der Leine."

.

4. Schiedsrichter

Faul

Unterhalten sich zwei Zuschauer eines Fußballspieles, fragt der eine:

„Warum ruft denn der Schiedsrichter permanent Faul?" Darauf der andere:

„Der eine Spieler läuft nicht besonders viel und der Schiedsrichter ist von Beruf Lehrer und kann offenbar auch in seiner Freizeit nicht abschalten."

Umorientierung

„Vielleicht sollte einer mal dem Ersatzschiedsrichter sagen, dass wir hier nicht beim Tennis sondern beim Fußballspiel sind." Darauf der andere: „Wieso?" Darauf wieder der andere: „Na hör mal, es gibt beim Fußball keinen Aufschlag, und jedes mal ‚1st Serve, quiet please' zu rufen, wenn der Torwart einen Abschlag machen will hat geht nun gar nicht."

Schiedsrichter

Im Fußballspiel. In der Halbzeit geht einer der Spieler auf den Schiedsrichter zu und drückt ihm einen Euro in die Hand. Schiedsrichter:

„Wie soll ich das denn bitte verstehen?" Spieler:

„Naja, ich dachte mir dass es sehr anstrengend für sie sein muss mehrere Stunden hier der prallen Sonne ausgesetzt zu sein. Das müssen sie sich doch nicht antun als 1 Euro Jobber. Jetzt haben sie den Euro und können gehen wohin sie wollen."

Massage

Ahhhh.....
Roll bitte weiterhin auch schön an den Pfosten entlang, da juckt es am meisten.

Linienrichter

„Es ist toll wenn ein Linienrichter seine Aufgabe sehr genau nimmt, aber mit dem extra engagierten Pfadfinder als Unterstützung zur rekonstruktiven Ablaufanalyse der umgeknickten Grashalme ist er nun wirklich über das Ziel hinausgeschossen."

Richterkollegen

Unterhalten sich zwei Richterkollegen, sagt der eine:
„Also ich finde ja die klare Linie, die Kollege Meyer in seiner Urteilsfindung verfolgt, schon prima.". Darauf der andere:
„Na ja, aber jeden Fall immer nur mit ‚in' oder ‚out' zu bewerten...da merkt man dann schon seine Vergangenheit als Linienrichter."

Haarpflege

> Seit ich Schaumar nehme fühlt sich mein Leder viel weicher an.

Vibrationen

> Was ist denn mit Manfred los? Hat er einen epileptischen Anfall oder so?.

> Nein, er kommt gerade aus einem Fußballspiel, und hatte drei Lattenschüsse hintereinander verkraften müssen.

5.   Trainer & Training

Ballschicksale

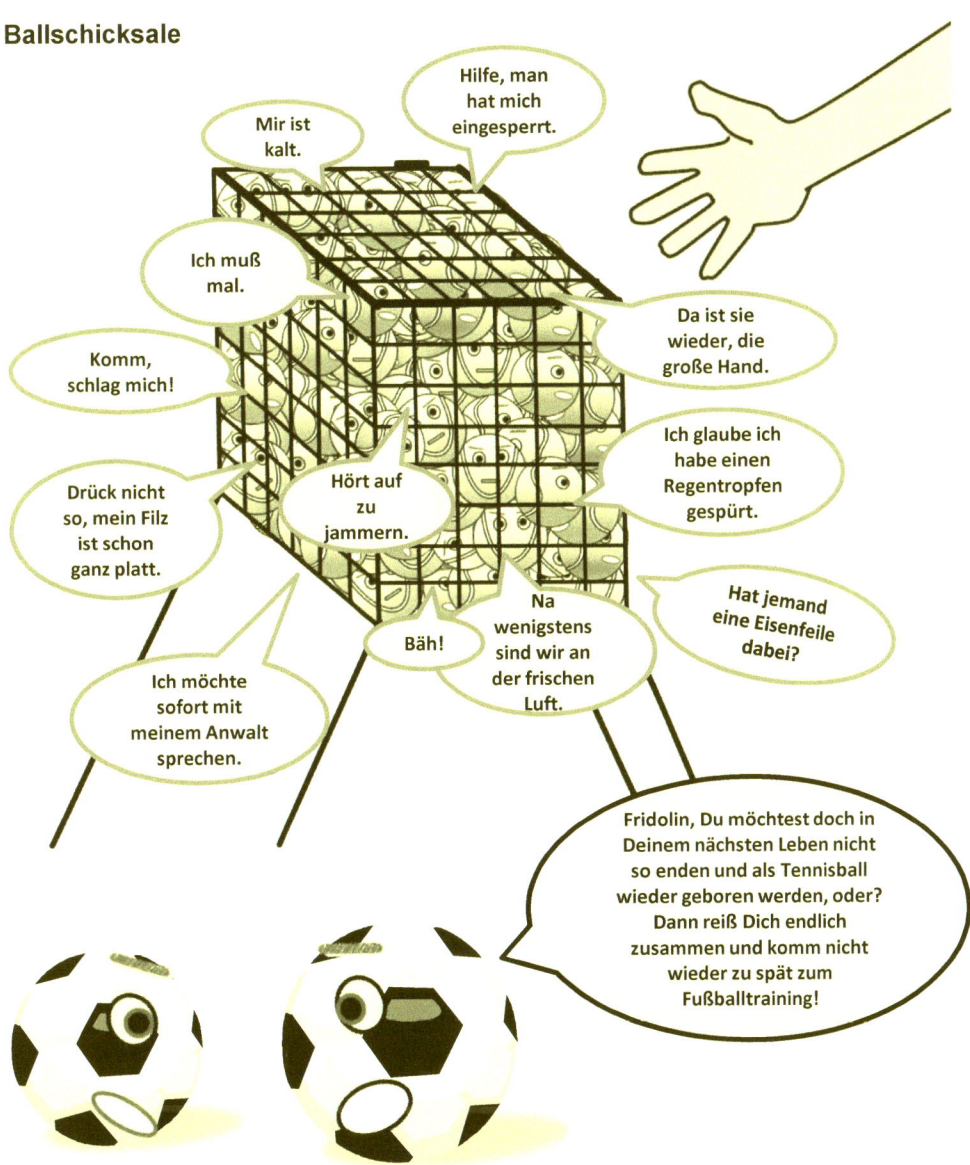

Netzspiel

Sagt der Trainer zu einem der Spieler:

„Also Frank, wenn ich Dir sage Du sollst die Bälle in das Netz schießen, dann meine ich natürlich das Große mit den Pfosten. Das Aufbewahrungsnetz mit den Ersatzbällen ist hierbei nicht gemeint, auch wenn es Netze-technisch entfernte Ähnlichkeiten aufweist.

Zaungäste

Spricht der Fußballprofi zu einem Zuschauer während des Trainings:

„Seit zwei Stunden stehen sie nun schon am Platzrand und schauen mir dabei zu wie ich versuche, meine Schusstechnik zu verbessern. Wie wäre es, wenn sie versuchen würden, selbst mal zu spielen?" Darauf der Zuschauer:

„Nein danke, dazu bin ich viel zu ungeduldig."

Taxi Shuttle

Nach dem Fußballspiel kommt der Trainer zur Mannschaft, welche gerade verloren hat und sagt: „Ich habe euch einen Shuttlebus direkt vor dem Eingang der Anlage bestellt, es wird in 4 Stunden da sein, d.h. ihr musst sofort losgehen um noch rechtzeitig da zu sein."

Ausbildung

Im Ausbildungslehrgang für angehende Fußballtrainer. Ausbilder: „So nun habt ihr fast alles gelernt bis auf eine ganz wichtige Sache, die für den Erhalt eures Trainervertrages bzw. Kontingentes von großer Bedeutung ist. Bitte setzt jetzt alle eine ernste Miene auf und sprecht mir nach: Du bist ein echtes Talent. Aus dir kann mal was ganz großes im Fußball werden."

Fußballcrack

Der Lehrer unterhält sich mit Peter: „Und Peter was machst du so in deiner Freizeit?" Peter: „Ich spiele intensiv Fußball. Letzte Woche habe ich sogar ein internationales Jugendturnier gewonnen und bin dadurch mit der Mannschaft unter die Top 3 in Europa hochgerutscht."

Lehrer: „Aber Peter, das wusste ich ja gar nicht. Das könnte natürlich deine schlechten Noten in der Schule erklären. Du wirst ja wahrscheinlich jeden Tag trainieren müssen und hast dann kaum noch Zeit für die Hausaufgaben."

Peter: „Ja genauso ist es. Aber wenn es zu viel wird, dann zieht meine Mutter schon mal den Stecker aus dem PC."

Wertvolle Tipps

In der Halbzeit spricht der Trainer zur Mannschaft welche gerade hinten liegt: „So und nun macht ihr mal was ganz Verrücktes."

Spieler: „Was denn?"

Coach: „Trefft den Ball."

Letzte Worte

Die letzten Worte eines Fußballtrainers:

„So und nun alle Bälle zu mir..."

Federball

Clubtrainerin

Die Clubtrainerin, welche einen riesen Busen hat sucht neue Übungsleiter zur Verstärkung des Trainerteams. Auf die Anzeige hin melden sich drei junge Männer. Nach dem Vorspielen ruft sie den ersten Kandidaten in das Clubbüro und stellt dann dem Bewerber einige Fragen. Zum Gesprächsabschluss stellt sie noch die folgende:

„Fällt Ihnen irgendetwas Besonderes an mir auf?" Darauf der junge Mann:

„Sie haben einen monströsen Busen." Trainerin:

„So eine Frechheit, verschwinden sie sofort!". Dann ruft sie den Zweiten herein und auch ihm stellt sie am Ende des Gespräches die Frage:

„Fällt Ihnen irgendetwas Besonderes an mir auf?". Der junge Mann:

„Sie haben einen monströsen Busen." Clubtrainerin:

„Verlassen sie sofort das Büro!". Dann kommt der dritte Proband ins Büro und am Ende kommt wieder die Frage:

„Fällt Ihnen irgendetwas Besonderes an mir auf?". Darauf der junge Mann:

„Sie tragen einen wirklich bemerkenswerten Gürtel." Darauf die Trainerin erleichtert und ein bisschen geschmeichelt:

„Finden sie dass er mir steht?" Junge Mann:

"Nein, das nicht, aber ohne dessen Halt würde ihr monströser Busen glatt auf den Boden klatschen."

Neuzugang

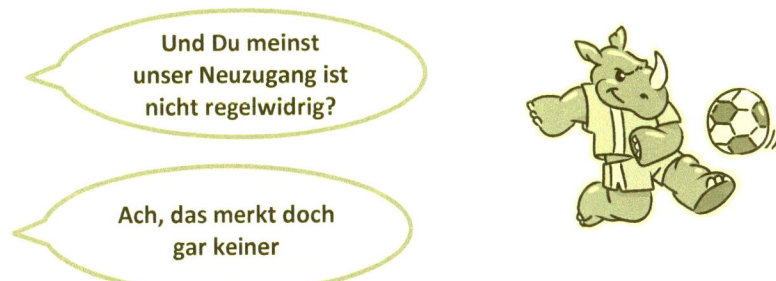

Und Du meinst unser Neuzugang ist nicht regelwidrig?

Ach, das merkt doch gar keiner

Götterdämmerung

Unterhalten sich zwei Clubmitglieder, sagt der eine:
„Achtung auf dem Spielfeld geht gleich die Vorstellung los." Darauf der andere
„Wie, was denn für eine Vorstellung?"
„Na die Götterdämmerung." Darauf der andere:
„Ich versteh nur Bahnhof, ich sehe nur den Trainer mit Peter, die gerade ihr Training starten." „Na eben, der kapiert doch schon zum x-ten mal nicht die neue Schusstechnik und nach spätestens 15 min hörst du wiederholt den Trainer brüllen: ‚Mein Gott, wann dämmert bei dir denn endlich die Technik!"

Spüren

Halbstarke

Amateur Fußballer

„Herr Pauli ich weiß dass sie als Buchhalter sehr genau sein müssen, aber wenn ich ihnen zurufe dass sie den Ball ins Mittelfeld bringen sollen, dann natürlich nicht persönlich hergetragen und mit der seitlichen Positionierung ist auch nicht das Stellen neben dem Fußballplatz gemeint."

Mystisch

„Nein Herr Schulz wir sind eine seriöse Fußballschule und arbeiten weder mit Woodoo-Puppen oder Beschwörungen und wir verstehen auch unter hoch gespielten Bällen keine bei Vollmond verfluchten Mondbälle, um das nächste Spiel zu gewinnen."

Gang nach Kanossa

Der Torwart kurz vor dem Spiel: „Der Weg von den Umkleideräumen zum Spielfeld ist aber lang in diesem Verein und dann immer durch diese vielen Türen, das ist echt mühselig." Darauf der Trainer:
„Keine Sorge der Rückweg wird einfacher." Torwart:
„Wieso?" Trainer:
„Na mit deiner Einstellung wird dich unser Gegner heute so platt machen, dass ich dich nachher beim Rückweg problemlos unter den Türen durchschieben kann."

Brille

100 Prozent

Nach dem Match kommt der Trainer zu seinen Spielern und sagt:
„Ihr habt heute alle Punkte gemacht."
Spieler: „Wieso wir haben doch glatt verloren."
Trainer verärgert: „Ja deswegen ja."

Jonglieren

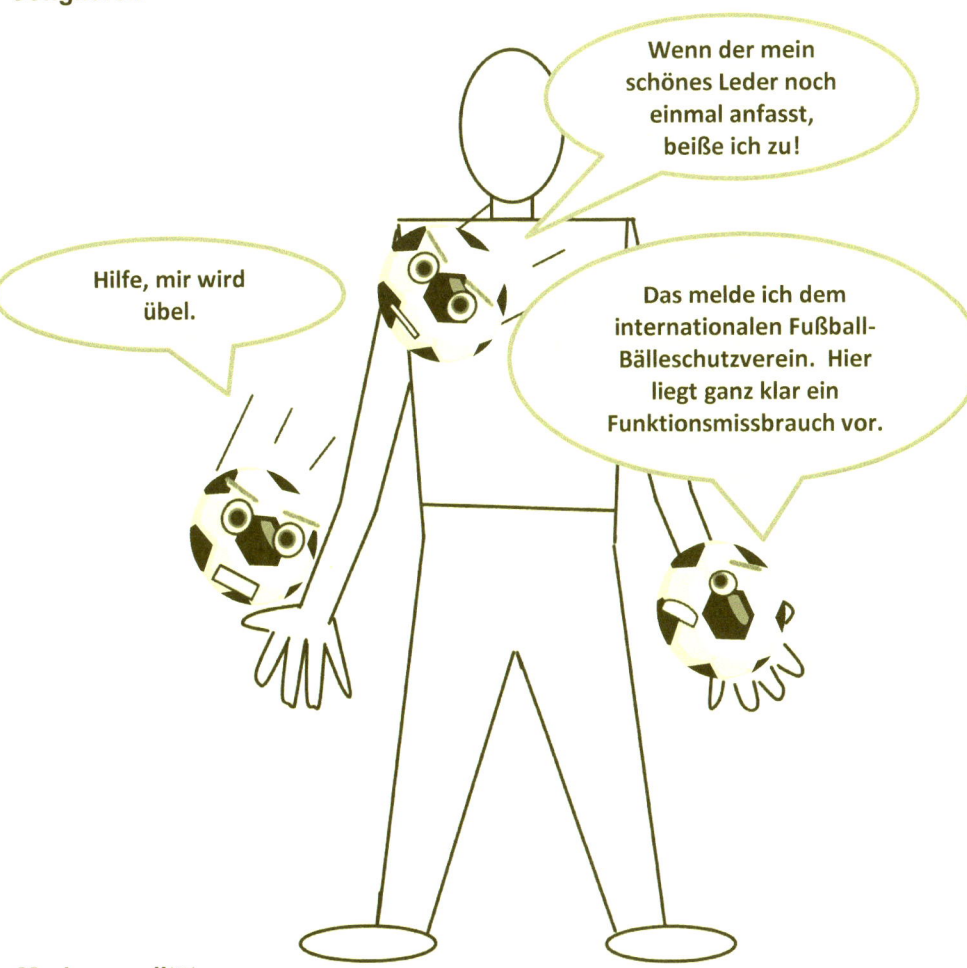

Markenqualität

„Dieses verfluchte chinesische Mistding! Warum funktioniert das bloß nicht?"
„Hallo Peter, was ist denn los?"
„Na ich probiere schon seit einer halben Stunde, diese Bälle in die Ballschussmaschine einzuladen aber sie passen einfach nicht rein."

„Aber Peter das kann auch nicht gehen."

„Wieso?"

„Weil die vermeintliche Ballschussmaschine gar keine ist. Der ‚Made in China'-Laubbläser in Übergröße wurde in der letzten Woche neu angeschafft."

Auf der Tribüne

Auf der Zuschauertribüne während eines Fußballspiels dreht sich eine Zuschauerin, die einen sehr ausladenden Hut trägt, zu ihrem Hintermann um und fragt: „Stört sie mein Hut beim Zuschauen?" Darauf der Mann:

„Nein überhaupt nicht und wenn sie sich wieder nach vorne drehen würden, dann könnte ich auch wieder mein Bier drauf abstellen."

Erfrischung

„Ich muss schon sagen, sehr erfrischend wie unsere Stürmerspitze spielt. Nein, nicht was sie jetzt denken, sondern sie sorgen als Luftnummer durch ihre unkoordinierten Bewegungen immer wieder für frische Verwirbelungen mit kühlendem Luftstrom."

Ballkontakt

6. Im Stadion

Allgemeinwissen

Spricht ein Journalist im Interview zum Fußballprofi: „Man sagt ja durch das viele Training leidet das Allgemeinwissen bei den Profis, da keine Zeit zum Lernen übrig bleibt." Darauf der Profi: „Nein, das kann ich so nicht bestätigen." Darauf wieder der Journalist: „Na gut, dann beantworten sie mir bitte die folgende Frage: Wo liegt Russland?" Darauf der Fußballprofi:

„Na, weit kann es nicht sein, da unser Trainer Struganoff jeden Tag zu Fuß zum Training kommt."

Karrierehilfe

Fragt der Journalist den erfolgreichen Fußballprofi: „Und sie haben ihre Karriere ganz alleine ohne Hilfe geschafft?" Darauf der Fußballprofi:

„Das kann man so nicht sagen. Es gab da immer diese runden meist schwarz-weiß gefleckten Lederbälle die ich zum Sieg gebraucht hatte."

Hilfestellung

Nach dem Fußballspiel humpelt ein älterer Zuschauer gestützt auf zwei Krücken zu einem der Stürmer der Verlierermannschaft, reicht ihm eine der Krücken und sagt: „Die brauchen sie dringender als ich."

Zuschauer

Im Zuschauerbereich des Fußballstadions. Kurz nachdem die Namen der beiden Mannschaften genannt wurden, steht einer der Zuschauer abrupt auf und schickt sich an zu gehen, da fragt ihn sein Sitznachbar: „Wo wollen Sie denn jetzt noch hin, das Spiel beginnt doch jeden Moment." Sagt der andere: „Habe ich letztes Jahr schon gesehen".

Auge

Nach Ende des Matches reibt sich einer der Verteidiger beim Verlassen des Spielfeldes intensiv die Augen, fragt ein Zuschauer: „Das war also der Grund warum ihre Mannschaft verloren haben, sie hatten Probleme mit den Augen und waren dadurch gehandicaped?" Darauf der Spieler: „Nein, Schlaf im Auge."

Suche

Bei einem Fußballspiel ertönt folgende Stadiondurchsage:

„Achtung liebe Gäste, der kleine Peter ist verloren gegangen. Er trägt kurze Hosen und ein blaues Hemd. Falls ihn jemand sieht oder er selbst diese Durchsage hört, bitte umgehend beim Stadionsprecher melden….(für einen kurzen Moment nur dumpfes Gemurmel zu hören)…und mir wurde gerade noch mitgeteilt, dass sich Peter auch auf dem Parkplatz aufhalten könnte, er fährt einen blauen Mercedes mit dem Kennzeichen B-WU3578."

Torchance

7. Verrückte Berufe

→ Gehegereiniger bei Puma

→ Streifenzähler bei Adidas

→ Cheerleader auf dem Mittelfeld

→ Platzwart bei Mario Fußball

→ Grasmusterdesigner auf dem Sandbolzplatz

→ Linienrichter bei soccer online

→ Balljunge in der Damendusche

→ Bällepolierer bei adidas

Neue Jobs braucht das Fußball

Die Spielervereinigung hat beschlossen mehr Arbeitsplätze bei den Fußballturnieren zu schaffen, um den Komfort für die Spieler zu erhöhen. Nun gibt es:

- Frischwind Zufächler

- Grashalm von Schuhsohlen Picker

- Schweiß Abtupfer

- T-Shirt in die Hose Stopfer

- Bälle feucht Abwischer

- Schlaf aus Augen Reiber

Weitere Traumjobs aus der Fußballbranche...

➜ Strickmuster-Designer im Tornetzservice

➜ Graspollenjäger auf dem Kunstrasen

➜ Bälleflicker im Trainingscamp

➜ Playback Stöhner bei Schwalben

➜ Punktezüchter in der Bundesliga

➜ Stirnband-Bodenturner im Strafraum

➜ Schusshindernis bei hart ausgeführten Freistößen

➜ Statist in der Damenumkleidekabine

➜ Seiltänzer auf den Außenlinien

➜ Doppelpartner für den einsamen Torwart

➜ Kreisspieler im Anstoßkreis

Holzarbeiten

Wussten sie schon dass Bretter vor dem Kopf nicht nur die Sicht auf das Fußballspielfeld einschränken, sondern auch Zaungäste provozieren können?

8. Clubtätigkeiten

(und wie sie **nicht** vergeben werden sollten)

Platzwart: Tunichgut mit Schnarchzapfen Diplom

Linienrichter: Hans-guck-in-die-Luft

Clubsekretariat: Gewitterziegen mit Schreckschraubenappeal

Clubtrainer: Luftgitarrist

Trainingsteam: In Schießbudenfiguren konvertierte HB-Männchen

Vorstand: Jammerlappen

Finanzen: Raffzähne und falsche Fünfziger

Koch Clubrestaurant: Spaghettisultan

Betreiber Club Shop: Marktschreier mit dubioser Im- und Export Expertise

Oberschiedsrichter: Perückenschaf mit Schlafkappenattitüde

Organisator Events: Fatalisten

Clubkommunikation: Quatschköpfe mit großem Tratschmaul

Mannschaftsführer: Als Klabautermänner verkleidet Psychopaten

1. Junioren: Königsberger Klopse mit Baumschulzeugnis

1. Juniorinnen: Als Zimperliesen geoutete Milchmädchen

1. Herren:	Platzhirsche
1. Damen:	Wuchtbrummen
1. Senioren:	Tattergreise mit Zauselgarantie
1. Seniorinnen:	Schabracken mit Schrulleffekt

Sportschicksale

9. Gesucht wird …

..ein neuer Vereinstrainer

Unser neuer Vereinstrainer muss den folgenden Anforderungen gerecht werden:

- Muss Tag und Nacht zur Verfügung stehen um **allen** Bedürfnissen der Clubmitglieder gerecht zu werden.

- Technikerausbildung gefordert zur kostenlosen Reparatur sämtlicher Geräte…von den Vereinsmitgliedern.

- Der Vereinstrainer ist auch der Schlüsselträger vom Isolationsraum im Clubhaus, um trainingsunwillige Fußballspieler bei Widerspruch als Strafe für gewisse Zeit wegzusperren zu können.

- Muss trinkfest sein, um kurz vor entscheidenden Fußballspielen die Spieler der Gegenmannschaft, gelockt durch Gratisdrinks unter den Tisch trinken zu können.

- Führen einer Hunde- und Katzenpension in der Urlaubszeit für die Tiere der Clubmitglieder.

- Betreiben einer Website zur Partnervermittlung um die 1.Mannschaft durch Abwechslung motiviert zu halten, natürlich erst nach persönlichen Qualitätscheck der Probanden/innen.

- Bei Reisen mit der 1.Mannschaft zur Saisonvorbereitung muss der Trainer vor Ort im Hotel Küchenarbeit leisten um die Reisekosten für den Verein möglichst gering zu halten.

- Arrangement ‚zufälliger' Unfälle für die Top Player des nächsten gegnerischen Teams.

- Pflichtbesuch des Seminars ‚Moderne Motivations(rat)schläge ohne Narbenbildung' als Selbstzahler.

10. Zehn Anzeichen, dass sie verrückt nach Fußball sind

1. Die Ausrichtung ihrer Wohnung geschieht nicht nach Feng Shui sondern nach der Struktur eines Fußballplatzes

2. Der Handschlag erfolgt nur noch im high five Prinzip

3. Die Rasenhöhe in ihrem Garten entspricht genau der vom Allianz Stadion

4. Sie genießen das Gefühl, neue Fußbälle in der Hand zu halten mehr als die Berührungen von ihrer Frau.

5. Sie kennen alle Spielergebnisse ihres Fußballvereins vom Wochenende auswendig, haben aber keine Ahnung, was gerade in der Welt vorgeht.

6. Sie finden es witzig mal etwas anderes anzuziehen als ihre Sportsachen

7. Sie finden das voll fair, dass ihr/e Partner/in fremdgeht, wenn sie dadurch mehr Freiraum fürs Fußballspielen bekommen.

8. Sie hören bei einem romantischen candle light dinner nur dann ihrem Gegenüber zu, wenn dieser bestimme Schlüsselworte fallen lässt, wie z.B. Abseits, Elfmeter oder Trikot.

9. In ihrem Navi ist ihr Fußballclub als Heimatadresse hinterlegt

10. Sie kaufen nur noch Stifte mit eingebauten Mehrwert fürs Fußballspielen z.B. mit Druckmessgerät für Fußbälle oder Trillerpfeife

Bücher von Theo von Taane:

„Mein Schlag war nicht zu weit,
macht doch das Feld länger !"
ISBN: **9783735794604**

„80% meiner Freizeit verbringe
ich hilflos in Drehtüren!"
ISBN: **9783735758125**

ebook Spiele von Theo von Taane:

„Schnappt Ede!"
Für 2 - 4 Spieler; Alter: 6 – 99 Jahre
ISBN: **9783734721748**

„Die spannende Geschenkejagd!"
Für 2 – 4 Spieler; Alter: 6 – 99 Jahre
ISBN: **9783734721755**

„Das Kuck-Kuck Spiel !"
Alter : 0 – 3 Jahre
ISBN: **9783734723827**

„80% meiner Freizeit verbringe
ich hilflos in Drehtüren!"
ISBN: **9783735758125**

Inhaltsverzeichnis